UNE

VOIX DE LA CORSE

A SA MAJESTÉ

L'IMPÉRATRICE EUGÉNIE

OU

LA PRIÈRE DES ORPHELINS

SUIVIE D'UN MÉMOIRE A SA MAJESTÉ L'EMPEREUR, EN CONSEIL DES MINISTRES,
SUR LES MOYENS PRATIQUES DE RÉSOUDRE
PAR L'EXPORTATION

LA QUESTION DE L'AVENIR DE LA CORSE

POSÉE PAR L'HISTOIRE

Et placée sous les auspices de S. A. I. le Prince Napoléon.

Par J.-B. TOMEI,

LICENCIÉ EN DROIT, DÉLÉGUÉ DES MAIRES DU CAP CORSE.

PARIS,

IMPRIMERIE DE E. BRIÈRE, RUE SAINT-HONORÉ, 257.

1859

A S. EXC. MONSIEUR ARRIGHI DE CASANOVA, DUC DE PADOUE,
MINISTRE SECRÉTAIRE D'ÉTAT AU DÉPARTEMENT DE L'INTÉRIEUR.

EXCELLENCE,

La destinée qui réserva à la Corse la gloire de ne devoir qu'à sa propre énergie, sous le commandement de Paoli, la conquête de la liberté contre la quelle s'était brisé, un siècle et demi auparavant, l'héroïsme des *Sanpierro*, des *Ornano*, des *Casanova*, votre illustre ancêtre, parce que la France protectrice refusa à ceux-ci les nouveaux renforts qui devaient les faire vaincre, lui réserve aussi la gloire de ne devoir qu'à elle-même sous un très haut patronage, la conquête de son bien être, parce que la Mère et chère Patrie ne nous fait pas participer assez utilement à son crédit, à son commerce, à ses associations mutuelles, à toutes les institutions qu'elle s'est données, et qui la font prospérer par-dessus toutes les nations.

Un Pharaon est en effet à la tête de la France, dont il remplit chaque jour d'avantage les greniers, pour prévenir les années maigres. Les Corses le voient, le ciel semble le leur avoir dit, et ils s'inquiètent, sous un si grand règne, de voir perpétuer leurs années maigres. Ils veulent en sortir, non pas par des sacrifices pour l'Etat, mais au contraire par la solution, en quelque sorte, des deux plus grandes questions d'économie intérieure qui préoccupent aujourd'hui le Gouvernement :

1o Celle de prévenir les émigrations vers les villés, en attachant les populations des campagnes au travail du sol ;

2o Celle de diriger par le même moyen, vers la culture des terres en repos en France et dans ses colonies, le trop plein de la population qui émigre tous les ans à l'étranger et nous enlève les bras les plus courageux au travail.

C'est le double but de la PRIÈRE que nous adressons à S. M. l'Impératrice et que nous supplions Votre Excellence de soutenir, comme Ministre Président du Conseil supérieur de l'Orphelinat du Prince Impérial, auquel nous faisons l'offre d'un domaine, et comme héritier d'un nom que l'éclat et l'illustration des ducs de Padoue n'effacent pas des cœurs Corses.

> En attendant permettez-moi de me dire,
> Avec le plus profond respect,
> Excellence,
> Votre très-humble et très-obéissant serviteur.
> *Le délégué des maires du Cap Corse,*
> J. B. TOMEI.

Paris, le **15** août 1859.

UNE VOIX DE LA CORSE

A SA MAJESTÉ

L'IMPÉRATRICE EUGÉNIE.

MADAME,

Si la *Prière des Corses* pouvait s'élever jusqu'à Votre Majesté, chacun d'eux lui dirait :

Dieu a mesuré votre cœur. L'ayant trouvé grand pour comprendre et adoucir les maux qui détruisent le bonheur de la société, il l'a uni à l'homme providentiel pour qui les nations ne sont que les individus d'une même famille.

L'enfant né de cette union, le jour des Rameaux, est la branche d'olivier que vous avez apportée à la terre sous cette nouvelle : *l'Empire, c'est la paix!* Les peuples ne sont plus séparés entre eux que par des malentendus.

Les maîtres forment les savants, mais l'homme proprement dit est formé, dit l'auteur des *Soirées de Saint-Pétersbourg*, sur les genoux de sa mère. Vous avez fait de l'Auguste Prince impérial, aussitôt qu'il est né, le Père des Orphelins, voulant qu'il règne par le cœur avant de régner un jour par le génie. Vous vous êtes constituée, MADAME, régente de l'Orphelinat, afin de préparer, avec le plus grand soin, ce domaine qui sera réellement le plus beau de la couronne de votre fils, car Vous

le lui remettrez grand pour servir d'asile à toute une classe
de peuple qui eût été bien malheureuse sans Vous, et qui
gardera, comme un feu sacré toujours allumé dans son sein,
les sentiments de la reconnaissance qui élève l'homme presque
à la hauteur du bienfaiteur, auquel, par une irrésistible sym-
pathie née du bienfait lui-même, s'attachent aussi ceux qui
n'en sont pas l'objet. La graine jetée par une grande âme
dans le champ du malheur ne meurt jamais et produit le cen-
tuple, restât-elle un siècle en terre.

Elevée sur cette base de granit, votre dynastie ne croulera
pas. Les aigles de l'Empereur, parties de France en lé-
gion et maintenant de retour de l'Italie qu'elles quittent,
quand tout le monde accourait encore pour les admirer et les
applaudir, vous disent qu'elles laissent sur toutes les routes
du beau pays qu'elles ont parcouru triomphantes, en tous sens,
des traces de progrès ineffaçables, et qu'il n'y a que quelques
hommes, que les passions aveuglent au point de ne leur laisser pas voir ce qui tombe sous leur sens, qui en doutent. Mais
encore ces hommes, qui aujourd'hui ont fermé sur eux la fe-
nêtre à laquelle ils ont pu se montrer un instant, seront les
amis de l'Empereur demain à leur réveil, n'en doutez pas.

Pendant les trois mois que le souverain vous a confié le
poids de son Empire, vos sublimes épaules de femme sont de-
venues, pour le porter, plus fortes que celles d'un roi.
Tout le monde Vous venait en aide; et, à votre appel, il s'est
formé dans toute la France des légions serrées pour la meilleure des bonnes œuvres, légions auxquelles Votre Majesté a
donné pour les commander l'Auguste Princesse Impériale
Clotilde de Savoie et les premières dames de l'Empire. Ces
illustres dames ne quitteront jamais plus le drapeau de la
bienfaisance, qu'elles mettront, au contraire, avec toutes les
mères, à l'exemple de la Souveraine, dans les mains de leurs

enfants : génération bénie, qui vaincra par l'amour et non plus par les armes.

En un mot, MADAME, l'Empereur et Vous, vous faites une tête et un cœur qui se mesurent à la tête et au cœur de l'humanité; vous formez un soleil auquel vous permettez toujours aux membres engourdis de venir se réchauffer.

Délégué des maires du Cap-Corse, je ne sais si ma voix arrivera jusqu'à Votre Majesté; mais je me sens transporté plus haut que les intérêts d'une seule province. Je viens et j'ose vous dire, Madame, qu'il est un coin de Votre Empire digne au premier chef de vos sollicitudes : c'est la Corse tout entière, où les habitants, depuis près de deux mille ans, naissent, pour ainsi dire, tous orphelins.

Il faut remonter, en effet, au temps de Marius et de Sylla, pour trouver que ce pays a joui d'un vrai bonheur. Tous ceux qui ont voulu par patriotisme reconquérir ce bonheur, sont morts à la tâche. Si Votre Majesté prête bien l'oreille, au moment où il ne se fait pas de bruit autour d'Elle, Elle entendra au souvenir de l'histoire comme la voix suppliante de nos ancêtres qui lui disent :

Il est temps que la Corse se relève, quand déjà le monde entier se prépare à être heureux.

Marius et Sylla purent créer deux grandes colonies, avec lesquelles prospéraient toutes les villes qui couvraient, dit l'histoire, la circonférence de la Corse. Ah! si l'on savait, Madame, aujourd'hui que Napoléon fait de plus grandes choses, comme il est facile d'obtenir dans cette île de plus grands résultats que les Romains!

Le malheur, c'est qu'on n'a pas encore su prendre, par son bon côté, de manière à y attacher les insulaires mêmes, le travail en Corse. On a beaucoup dépensé, pour obtenir relativement peu de résultats, pour éloigner jusqu'à un certain point le Corse du travail, pour s'isoler de lui, pour le froisser. Avec moins d'argent et une connaissance mieux entendue des intérêts de ce pays, on obtiendrait des résultats contraires et immenses.

Ce qui a toujours plu aux Corses, ce qu'ils ont toujours pratiqué, c'est non pas le socialisme, mais l'association, la générosité la plus grande l'un pour l'autre, la mutualité. Ils ont toujours souffert en commun avec un certain bonheur et veulent prospérer ensemble. Ils le méritent. La religion, la famille, la propriété et le sentiment de la justice ont des racines très-profondes chez eux. Le jour où l'on fera mouvoir tous ces ressorts ensemble, de façon à ce que l'un ne contrarie pas l'autre, sera l'aurore d'un âge d'or pour ce pays.

Ah! si pour régler ce mouvement, nous obtenions le concours, beaucoup plus moral que matériel, de Votre Majesté, de quoi ne serions-nous pas capables? A la pensée que Vous suivriez nos travaux avec sollicitude, nul n'oserait s'en montrer indigne. Tous, nous ferions naître à l'envi, avec nos bras réunis à ceux que nous associerions venant du dehors, une colonie que nous appellerions l'ORPHELINE, pour consacrer la pensée généreuse sous laquelle elle serait fondée, et pour nous créer un bien-être auquel nous sommes en droit d'aspirer.

Cette colonie grandirait avec l'auguste Prince Impérial, auquel nous avons le pressentiment que la Corse, après nous, sera redevable de sa plus grande prospérité.

Madame, je crois avoir un projet dont l'exécution pourrait bien nous mettre déjà sur la voie de cet avenir qui est le rêve de l'insulaire français. J'ose le déposer aux pieds de Votre Majesté sous ce titre : *l'Orpheline.*

L'ORPHELINE.

La plaine d'Aleria, de 30 kilom. de long sur 15 de profondeur, autrefois le siége de la florissante colonie de Sylla sur le littoral oriental de l'île, traversée par une route impériale, reliée à l'intérieur par d'autres routes, découpée par des cours d'eau abondants, est peu habitée.

Quatre grands domaines agricoles existants, de la contenance de 2,000 à 2,300 hectares chacun, représentent le système de la grande culture qu'on a eu la pensée d'implanter dans cette contrée de l'île. Les hommes courageux qui ont créé ces grandes exploitations agricoles ont rendu de grands services, en ce sens qu'ils ont par leur initiative fait le soleil levant dans cette partie importante de la Corse, abandonnée depuis de longs siècles. Mais le système exclusif de la grande culture dans lequel ils se sont renfermés leur a donné pour résultat :

Que n'ayant pas associé, intéressé le laboureur à la culture, celui-ci, simple mercenaire venu d'Italie, le Corse ne voulant pas l'être, n'a pas été constant; a occasionné des frais d'administration et de surveillance dont il faut cependant avoir soin de toujours exonérer l'agriculture autant que possible; a nécessité des capitaux considérables qui chôment avec les récoltes en grenier qu'on s'est vu plus d'une fois obligé à un certain moment de donner et non de vendre.

Cette grande culture a eu pour résultat que le Corse, ayant une répugnance marquée et jusqu'à un certain point invincible pour la condition de mercenaire, comme nous venons de le dire, a laissé dans l'isolement les grands cultivateurs, qui n'ont rien fait du reste pour attacher l'insulaire à

leur sol. Ainsi nous ne comprenons pas que, connaissant l'esprit de la population, ils n'aient pas senti le besoin de choisir
au milieu de leurs domaines, et même sur plusieurs points, des
endroits convenables pour des habitations dont ils auraient dû
faciliter la création par des avantages qu'ils eussent dû faire, et
par des cessions de terrain. La population augmentant fût devenue tributaire de son travail envers le domaine dans lequel
elle se serait établie, et à elle serait venue se joindre une classe
de travailleurs.

Cependant la population corse, qui comprend que l'abon-
dance doit lui venir de la plaine, y descend déjà volontiers et y
fait de la petite culture, qui lui réussit relativement beaucoup
plus qu'auxdits grands cultivateurs, car son travail prospère
davantage et améliore, change d'une manière frappante les
conditions des familles qui s'y livrent. Mais il n'y a que
ceux qui ont quelques terres et quelques moyens qui font cela.

On voit en effet ces familles se grouper, se construire des
maisons qui sont déjà de petits villages, aux extrêmes li-
mites desdits domaines sur lesquels il ne serait pas permis,
même à prix de beaucoup d'argent de se créer une chaumière.
On dirait les agglomérations qui se formaient autrefois loin
des terres du seigneur. Mais l'exclusion du vilain de ces terres
pouvait encore se comprendre, à cause des hommes que ledit
seigneur possédait et tenait attachés à la glèbe. Cependant c'est
le fermage de terres consenti en faveur des habitants qui ne pos-
sèdent rien, attirés dans ces nouveaux villages, fermage adopté
franchement par le *Miglacciaro* surtout, autrefois ruineux et
maintenant productif, qui constitue le seul revenu net de ce
grand domaine. Sans vouloir nier le service qu'ils ont rendu au
pays, je ne crains pas de dire que nos grands cultivateurs corses n'ont pas assez fait la part du temps, de l'isolement dans
lequel se trouvent placés leurs domaines par rapport aux po-

pulations, et des aptitudes de ces populations, et que le jour où l'on ouvrira un champ libre au travail dans les anciennes plaines fertiles de la Corse, on sera étonné des heureux résultats qu'on obtiendra avec les Corses même, et les étrangers qui viendront s'établir avec eux. La grande culture pourra alors seulement prospérer.

Au centre de la plaine d'Aleria sont les territoires communaux en friche de Ghisonaccia et de Vezzani, sur une étendue unie de 20,000 hectares pouvant être arrosés au moyen de barrages établis sur la rivière du Fiummorbo surtout (1).

C'est ici qu'est le meilleur emplacement qu'il y ait en Corse pour créer une opération agricole, une colonie, sur un plan qui ait des divisions larges, c'est-à-dire qui ouvre les portes à tous ceux qui voudront s'y livrer, à quelque condition de fortune qu'ils appartiennent, indigènes ou colons.

PROJET.

Mille hectares abandonnés au profit de l'œuvre et en état de culture, de la valeur de 800,000 fr. pour 400,000 fr.

Emploi des 400,000 fr. à mettre de nouvelles terres en culture et à coloniser.

Intérêt et influence de l'œuvre sur les opérations agricoles de colonisation ultérieure.

Lesdites communes, impatientes d'apporter une grande pierre à l'édifice des orphelins et autres grandes œuvres élevées chaque jour plus haut par S. M. l'Impératrice, digne interprète des sentiments de Son Auguste Epoux ; mais orphelines elles-mêmes, voulant qu'à ce titre, on

(1) Le but est de rendre les terres à la culture de manière à faire une bonne œuvre et à concilier avec cette œuvre les intérêts desdites communes avec ceux de leurs habitants et des colons qui viendraient s'y établir ; en d'autres termes, de faire revivre l'ancienne prospérité de cette contrée, qui, à elle seule, pourrait nourrir autant d'hommes que l'île en contient aujourd'hui, d'y créer un centre de population réellement laborieux qui grossisse et se répande toujours davantage.

les aide d'autre part en sœurs, elles offrent à l'Impératrice pour l'*orphelinat*, pour *les enfants des morts sur le champ de l'honneur*, et pour servir à *la bienfaisance spontanée du Prince impérial*, sur 3,000 hectares de terrain, le tiers, c'est-à-dire 1,000, en état de culture et facilement arrosables, valant dans cette situation 800 fr. l'hectare.

En échange, les communes demandent pour chacun de ces hectares, remis en état de culture, 400 fr., abandonnant le reste à l'œuvre.

Les communes donneraient à cet argent la destination suivante :

Les 3,000 hectares en friche seraient divisés en cantons de 10 hectares pour être concédés soit à des cultivateurs du pays, soit à des colons jugés capables et en état les uns comme les autres de les rendre à la culture dans le délai de .....

La commune viendrait en aide, soit au cultivateur du pays, soit au colon, non-seulement en leur livrant lesdites terres, mais en leur payant jusqu'à 133 fr. 33 c. pour chaque hectare que ceux-ci rendront en état de culture.

La commune se paierait de ses terres en friche en en retirant le 5ᵉ en état d'être cultivées ; soit pour les 3,000 hectares une quantité de 600, qui au prix réduit de 400 fr. l'un, représenteraient ensemble . . . . : 240,000 fr.

Elle paierait en nature, comme dessus, à l'Orpheline (nom que nous donnons à l'œuvre de l'Impératrice), qui en somme, n'avancerait jamais que 133 fr. 33 c. par hectare cultivé, le tiers des 3,000 mis dans cet état, soit 1,000 hectares à 400 fr. . . . . . , ... 400,000

Elle abandonnerait les 7/15 restants (presque la moitié), en propriété aux colons, soit ensemble 1,400 hectares pour prix de leur travail 560,000

La colonie entière aurait, dans des conditions excessivement avantageuses pour tous ceux qui y auraient une part, une valeur de . . . . . . 1,200,000 fr.

L'État lui-même y gagnerait par l'augmentation d'impôts dont il frapperait ces nouvelles terres.

Seconde opération sur trois mille autres hectares.

S'il s'agissait de rendre à la culture trois mille autres hectares de terrain en friche, les conditions seraient les mêmes pour les communes et pour les colons. Mais elles deviendraient excessivement plus favorables à l'œuvre de l'*Orpheline*; voici comment :

L'*Orpheline* serait tenue de ne garder pour son compte que 500 hectares, garantissant le prix de 200,000 fr. qu'elles lui auront coûté.

Elle serait tenue d'aliéner, avec remploi, le surplus, au même prix réduit de 400 fr., à de nouveaux colons, pour faciliter leur établissement. Avec cet argent, sans de nouvelles mises de fonds, en amortissant plutôt graduellement la première, elle paierait les 133 fr. 33 c. de subvention au colon pour chaque hectare de terre travaillé.

1,000 hectares seraient encore la part de l'Orpheline dans cette grande opération sans bourse délier.

Pour cela, elle serait tenue d'employer le montant de la moitié en travaux au profit de la colonie, tels que barrages, chemins d'exploitation, établissements d'agriculture industrielle, fonds de réserve, etc.

Elle emploierait l'autre moitié, autant que possible, à doter, à marier de nouveaux colons, dans la pensée de venir particulièrement en aide soit à la jeunesse laborieuse du pays, soit à des enfants de l'œuvre, soit à l'infortune qui ne saurait pas aussi bien profiter d'une somme, qu'elle profiterait d'une terre à cultiver.

La marche se trouverait toute tracée pour l'avenir de la colonisation Corse, et pourrait être imitée ailleurs.

Un cahier des charges réglerait les détails et les conditions d'administration pour la colonie.

Madame,

Nos ancêtres, de pères en fils, ont chargé en mourant leurs enfants de lutter pour chercher à regagner le bien qu'on a ravi depuis de si longs siècles à la Corse ; je suis le plus faible, le moins ambitieux, mais je n'exécute pas moins avec ardeur la volonté de nos pères. Si vous daigniez patronner nos projets, nous répondrions par des résultats qui seront notre plus grande justification, à ceux qui, pour faire excuser leur ignorance des ressources actuelles de la Corse, de l'esprit et des aptitudes de ses habitants, et enfin de notre histoire, disent que rien ne réussit et que rien n'est possible dans ce pays.

J'apprendrai peut-être bientôt que ma prière, qui est LA PRIÈRE DES ORPHELINS, sera montée jusqu'au trône et n'en sera pas descendue. J'attends ce jour comme le plus beau de ma vie. S'il en était autrement, je n'en aurai pas moins vécu d'une foi vive avec laquelle je dépose aux pieds de Votre Majesté,

Madame,

L'hommage des sentiments religieux, pour L'AUGUSTE IMPÉRATRICE, du dernier et du plus dévoué de ses sujets.

Le délégué des Maires du Cap Corse.

J.-B. TOMEI.

aris, le 15 août 1859.

MÉMOIRE

A SA MAJESTÉ L'EMPEREUR NAPOLÉON III

EN SON CONSEIL DES MINISTRES

SUR LES MOYENS PRATIQUES DE RÉSOUDRE PAR L'EXPORTATION

LA QUESTION DE L'AVENIR DE LA CORSE

POSÉE PAR L'HISTOIRE

Et placée sous les auspices de S. A. I. le Prince Napoléon.

A S. A. I. LE PRINCE NAPOLÉON.

Monseigneur,

Vous avez daigné m'écrire :

« Paris, le 26 novembre 1858.

» Monsieur, j'ai reçu la lettre que vous m'avez écrite le 15 courant, et à laquelle se trouvait joint un mémoire intitulé :

» *Une pensée sur l'avenir de la Corse.* »

» Je vous remercie de cet envoi.

» Le côté pratique des questions dont vous m'entretenez ne peut manquer de fixer mon attention.

» Vous pouvez compter sur tout mon intérêt.

» Recevez, etc.

» Le Prince,
» Chargé du ministère de l'Algérie et des Colonies,

» NAPOLÉON
(JÉRÔME). »

Délégué des maires du Cap-Corse, et sentant que je n'ai eu le grand honneur de fixer votre attention que parce que vous avez compris que ma pensée était toute d'intérêt général pour la Corse, je me suis fait un devoir de reporter aussitôt vos hautes paroles à mes mandants, qui s'empressèrent de vous répondre par une adresse toute de reconnaissance, d'espoir et de vœux, que vous me permettrez de rappeler à V. A. I., en la priant de recommander à l'attention de l'Empereur le Mémoire ci-joint, avec *tout l'intérêt* sur lequel elle a bien voulu nous autoriser à compter, pour le prompt succès de nos patriotiques démarches.

Daignez agréer,

Monseigneur,

L'hommage des sentiments très-respectueux, de votre très-humble, très-obéissant et très-fidèle serviteur.

Le Délégué des Maires du Cap-Corse,

J.-B. TOMEI.

Paris, le 15 août 1859.

MÉMOIRE

ADRESSÉ

A SA MAJESTÉ L'EMPEREUR NAPOLÉON III

EN SON CONSEIL DES MINISTRES,

Sur les moyens de créer deux industries importantes réclamées ardemment en Corse : LA FABRICATION DES CÉDRATS CONFITS, par une franchise ou un Drawback; L'EXPLOITATION DES MARBRES, par une commande de ces marbres pour le Louvre.

———

SIRE,

Grâce à la sollicitude de Votre Majesté pour la Corse, cette île est desservie par un réseau de routes qui relient ses montagnes habitées à ses plaines fertiles et encore désertes ; elle possède des établissements agricoles modèles, et a pour seconder son crédit une succursale de la Banque de France. Ce pays regorge de richesses naturelles pouvant donner naissance à plusieurs industries fécondes. Sa population s'agite, elle ne peut plus se contenter de la modeste existence à laquelle elle s'était condamnée depuis de longs siècles, dans le but de conserver ses vertus nationales. Mais il manque un lien au travail : « C'est l'exportation, le placement courant des produits industriels corses dans des conditions favorables pour leurs producteurs, aujourd'hui découragés. »

Nos bois sont vendus souvent très-cher, non dans le pays, mais sur les places du continent, sous le nom de pins larix du Nord ou d'Amérique, sous le nom de noyer, de chêne, etc., de telle ou telle contrée qui n'est pas la nôtre ; nos huiles bonnes, couronnées aux expositions, sont connues supérieures sous l'étiquette d'huiles d'Aix ; nos marbres, les *verts surtout*, qui ont été les premiers nommés au grand concours universel de 1855, ne gardent ce rang dans le commerce que sous le nom de vert-de-mer d'Italie ; les cédrats de la Corse, qui sont l'objet d'une industrie considérable à Livourne et à Gênes, comme cela est confirmé par un document consigné dans le *Moniteur* du 13 juillet 1858, ne donnent de réputation qu'à ces places étrangères.

En un mot, la spéculation qui se fait sur les produits de la Corse, au détriment du producteur insulaire, cache davantage ce pays au commerce extérieur, qui semble ne pas se douter que cette île contienne des richesses qu'il ne va pas y chercher directement.

L'action du gouvernement accordant, dans ce cas, pour la Corse quelque immunité compatible avec nos lois économiques, telle que *l'entrée en franchise des sucres ou le Drawback, pour préparer dans le pays même et exporter les cédrats ;* et faisant des acquisitions pour l'État de certains produits dont il a l'emploi, comme, par exemple : de *marbres pour le Louvre et les monuments publics ;* de bois pour les constructions navales, aurait pour résultat incontestable de donner du renom aux provenances dudit pays, d'y amener précisément le commerce extérieur, qui fait, comme disait Napoléon Ier, *la surabondance, le bon emploi de l'agriculture et de l'industrie.*

C'est cette pensée que j'ai formulée dans la brochure ci-jointe que je me suis permis d'adresser à S. A. I. le Prince Napoléon, qui y a fait le meilleur accueil, à cause du côté pratique que présentaient les questions dont nous l'entretenions.

Son Altesse daignera bien nous continuer *tout l'intérêt* qu'il nous a promis en appelant votre attention, Sire :

1° Sur la demande faite par les maires du Cap-Corse, dont j'ai l'honneur d'être délégué, en même temps que par le conseil général ; par le préfet de la Corse ; par la Chambre de commerce de Bastia, tendant à obtenir, pour la création de l'industrie qui n'existe pas en France : *la fabrication des cédrats ;* soit l'entrée en franchise des sucres, dont jouissent Livourne et Gênes pour cette fabrication ; soit une prime à l'exportation de ces fruits confits, égale au montant desdit droits, ce qui serait une consécration de la pensée d'économie qui a dicté la loi du 26 juin 1856, sur les sucres ; tendant à obtenir aussi l'introduction des mêmes fruits en France sans paiement de droits.

2° La demande que je ne cesse d'adresser au Gouvernement et même à S. M. l'Empereur, d'une commande, par S. Exc. M. le ministre d'Etat, de nos beaux marbres corses pour le Louvre, afin d'avoir un point d'appui pour fonder solidement, en face de Carrare, une industrie qui nous revient également, et que nous serions obligés sans cela de laisser crouler, après que nous avons fait les plus grands et les plus ruineux sacrifices pour la faire naître.

Les dossiers relatifs à ces deux demandes sont complets : pour la 1ʳᵉ au ministère des Finances et à celui de l'Agriculture, du Commerce et des Travaux publics ; pour la 2ᵉ entre les mains de M. le Fuel, architecte du Louvre, et de S. Exc. M. le ministre d'Etat.

Plein d'espoir dans vos sollicitudes désintéressées pour vos fidèles sujets, qui vous demandent à travailler et à vous armer, et dans l'empressement que met votre Gouvernement à seconder vos immenses desseins et les moindres, en admettant que ce soit le moindre, celui de relever de seize siècles de

souffrances laborieuses la terre natale de vos glorieux ancêtres,

Je dépose aux pieds de Votre Majesté :

SIRE,

Les hommages les plus respectueux du dernier, du plus dévoué
et du plus fidèle de vos sujets.

Le délégué des maires du Cap-Corse,

J.-B. TOMEI.

Paris, le 15 août 1856.

QUESTION DE L'AVENIR DE LA CORSE

POSÉE PAR L'HISTOIRE.

Si l'EMPEREUR, qui voudrait connaître tous les maux pour
les guérir; si son gouvernement, qui recherche avec tant
d'ardeur les moyens de prévenir les émigrations vers les villes
et d'attacher les hommes de nos campagnes à l'agriculture et
à l'industrie, pouvaient avoir le temps de rappeler à leur mémoire les deux tableaux suivants, peints par l'histoire même,
et représentant : l'un, l'âge d'or, et l'autre, à dix-sept siècles
de distance, l'âge de fer dont la Corse a tant de peine à se
relever, ils reconnaîtraient que les mêmes causes produisent
aujourd'hui des résultats semblables, et qu'en faisant revivre
la meilleure : LE COMMERCE EXTÉRIEUR, on ramènerait ra-
pidement les beaux jours de cette île digne assurément d'intérêt.

— On sait qu'en 522 de Romulus, la Corse avait accepté d'être unie à Rome, à la condition de jouir du droit de cité, et que Marius en 660 et Sylla en 673 établirent pour se créer, à l'envi l'un de l'autre, des électeurs dans ce pays, deux grandes colonies, Mariana et Aleria. Nous lisons :

« L'époque de Marius et de Sylla apparaît comme l'une des » plus brillantes de l'histoire de la Corse. Tous les témoi- » gnages s'accordent à représenter l'état de ce pays comme » florissant et prospère. Trente-cinq villes disséminées sur » toute la circonférence de l'île, renfermaient une immense » population dont les bras vigoureux rendaient fécond et riche » un territoire devenu plus tard inhabité et inculte. On sait » que la Sicile, la Sardaigne et la Corse formaient, pour ainsi » dire, le grenier de Rome, et que ce dernier pays était, en » même temps, un chantier inépuisable, un arsenal com- » mode, un port sûr et vaste pour les flottes de la Répu- » blique. »

On voit de suite à ce tableau pourquoi la Corse prospérait. C'est que l'exportation de ses produits agricoles et industriels sur un marché immense et sûr comme celui de Rome, c'est que les travaux exécutés pour les besoins de l'État, rame- naient en échange, en Corse, des espèces capables, non-seu- lement de soutenir les bras appliqués au travail, mais d'enri- chir chaque jour davantage le pays. En d'autres termes, cette île était dans les conditions favorables d'économie contem- plée par Napoléon Ier quand il définissait :

« L'agriculture, l'âme, la base de l'Empire ;

» L'industrie, l'aisance, le bonheur de la population ;

» Le commerce extérieur, la surabondance, le bon emploi » des deux autres. »

Transportons-nous maintenant à dix-sept siècles plus loin pour nous arrêter à l'avant-dernier feuillet de notre histoire, à la page qui est la récapitulation, l'expression vraie des temps les plus malheureux de la Corse. Nous y lisons :

« Le dix-septième siècle a été le siècle de fer de la Corse.
» Loin d'adopter des mesures contre les abus existants, le
» gouvernement travailla à leur donner de l'extension. Les
» gouvernements liguriens, devenus insensiblement despotes
» absolus, s'étaient arrogé le droit de vie et de mort sur les
» insulaires. Il n'y avait plus rien de sacré, d'inviolable ni
» pour eux ni pour leurs lieutenants, et le pays dépérissait
» sous tous les rapports. La population diminuait à vue d'œil
» et l'industrie était devenue à peu près nulle. Nous avons vu
» ailleurs combien le recrutement militaire pour les puis-
» sances étrangères avait été funeste à la Corse dans le qua-
» torzième siècle. Le même système se renouvela avec la
» même fureur dans le dix-septième siècle. Divers auteurs
» ont signalé la prouesse des Corses, sous les ordres de leur
» colonel-général Alphonse d'ORNANO (1), qui reçut le bâton de
» maréchal, de la main de Henri IV, après la prise de Lyon.
» Léonard DE CASANOVA fut élevé au grade de général. Pierre
» LIBERTAT, de Calvi, aidé de ses frères et de quelques amis,
» arracha la ville de Marseille, où il avait fixé sa résidence,
» aux mains de Casaux, un des chefs de la Ligue, qui était à
» la veille d'y introduire les Espagnols. En apprenant cette
» nouvelle presque en même temps que celle de la prise de
» Lyon, Henri IV s'écria : « C'est maintenant que je suis
» roi (2) ! »

(1) Son père SAMPIERRO acquit beaucoup d'éclat avec François Ier, qui le nomma colonel. Son fils a été nommé maréchal de France sous Louis XIII, en 1626.

(2) Et écrivit aussitôt à Pierre Libertat en ces termes :
« Cher et bien-aimé, vous avez fait un acte si généreux pour la liberté de votre patrie et de vos concitoyens, que, quand nous n'y aurions aucun intérêt, nous ne nous lasserions de louer votre vertu. »
V. *Jocobi. L'Ermite* de Soulier, *les Corses français*, ch. VII, et Ruffi, *Histoire de Marseille.*

Les Corses en France n'étaient pas considérés comme étrangers. Les rois accordaient la grande naturalisation à tous ceux qui se trouvaient dans leurs Etats. (Ordonnances de 1571, — 1580, 1599.)

Ceux qui, sous la domination ligurienne, ne portaient pas leurs vertus au loin, s'étaient résignés, comme du temps où ils se dérobaient au feu et au fer destructeurs des Sarrasins, à continuer à habiter leurs montagnes arides, abandonnant leurs champs plutôt que de se courber sous le joug oppresseur.

A ce second tableau on voit précisément que ce qui a constamment empêché la Corse de se relever, c'est qu'au lieu de jouir d'un commerce facile avec sa métropole, comme du temps des Romains civilisateurs avec tous les pays qui étaient les leurs, elle s'en est trouvée complétement isolée, parce que la Compagnie de Saint-George, espèce de Compagnie des Indes d'aujourd'hui, à qui la sérénissime République nous avait livrés sans discrétion, loin de relever nos villes, exploitait en pirate qui arrachait et emportait tout ; elle ne gouvernait jamais.

C'est contre cet état de choses que les héros Corses-Français intéressaient à leur cause la grande nation qu'ils servaient ; qui leur prêtait des renforts sous Henri II et qui incorporait l'île à la France sous Louis XV. Notre lien avec la France est donc ancien et sublime, et ceux qui connaissent notre histoire savent qu'en versant notre sang pour Henri IV, nous apportions, des premiers, notre pierre à l'édifice de la grandeur nationale qui devait sortir des partis vaincus et se terminer par l'amour qui réunit dans la même pensée de dévouement l'un pour l'autre, dans les mêmes intérêts, le souverain et le peuple, et qui réuniront bientôt les nations entr'elles ; ils savent que la Corse est par le cœur profondément française, et à ce titre, sans invoquer le plus grand, digne d'être élevée en prospérité à la hauteur des autres départements.

CONCLUSION.

Par les travaux et les institutions dont le gouvernement a doté la Corse, il veut évidemment sa prospérité; mais la Corse ne prospère pas, parce que les insulaires sont laissés en dehors du mouvement; parce que l'agriculture, l'industrie et le commerce s'y agitent isolément et meurent pour ne pouvoir pas se venir en aide l'un à l'autre, parce que la nation n'y possède ni arsenal ni chantier, comme en possédait Rome ; parce que la vie à tout cela, c'est par l'exportation, la juste rémunération du travail; l'échange des richesses naturelles de la Corse contre l'argent et le crédit qui manquent à ce pays, — lequel ne les obtiendra pas sans l'initiative du gouvernement.

C'est pourquoi tout ce qui tend à donner cette vie, doit être accueilli à l'égard de la Corse par le gouvernement de l'Empereur, impatient de voir ses travaux produire les résultats qu'il s'en est proposé.

Dans ces conditions, rien donc n'a plus de prix que :

La demande des maires du Cap-Corse, touchant la possibilité, sans sacrifice pour l'état, au contraire, de créer l'industrie nouvelle pour la France de la préparation des cédrats, pratiquée à l'étranger avec nos produits, hostilement à nos producteurs.

Et la demande d'une commande de nos marbres pour le Louvre, rendant possible la création sur un pied solide de l'industrie marbrière, qui aurait du renom et prendrait par ce moyen le rang que la nature lui a assigné, et qui profite maintenant à l'étranger.

POINT DE VUE

AUQUEL DOIVENT SE PLACER CEUX QUI VEULENT S'OCCUPER
AVEC FRUIT DE L'AVENIR DE LA CORSE.

Mon jugement a dix années d'expérience militante.

J'ai démontré que la Corse, riche en matières premières, ne prospère pas, parce que l'Etat n'y a pas de chantier, et qu'elle n'a pas relativement de commerce extérieur.

Mais il faut être de son temps, et si à l'époque des Romains anciens, les produits agricoles corses avaient un écoulement assuré et avantageux, à cause des immenses besoins de grains de la capitale du monde, dont l'île n'était séparée que par un canal, il n'en est pas de même, aujourd'hui que le continent, avec ses chemins de fer et ses systèmes d'agriculture avancés, peut se suffire largement et nous défend de ce côté là de lui faire concurrence. Aussi nous est-il prouvé que l'agriculture elle-même doit être en Corse, autant que possible, industrielle, c'est ce qui nous a fait déjà formuler notre *pensée* ainsi :

L'avenir de la Corse est tout entier :

1° Dans l'exportation et le placement convenables de ses produits qui ne sont pas de première nécessité ;

2° Dans la consommation en Corse même de ses produits agricoles. L'exportation enrichira, la consommation intérieure peuplera ce pays.

D'un autre côté, tout Corse a sa terre et son toit modestes, si l'on veut, mais suffisants au besoin. Il ne faut jamais qu'il craigne d'en être chassé, car rien ne remplace ces biens pour lui, il ne les échangerait pas contre la fortune. On ne doit donc pas faire avec lui d'opération qui engage sa terre, mais parfaitement le produit de son travail. Il livrera loyalement, beaucoup plus loyalement que les industriels du continent (dont la spéculation est souvent astucieuse et même insidieuse) ne prendront livraison et ne paieront la marchandise.

Il ne faut faire, en général, des projets d'établissements agricoles ou industriels qu'en s'appuyant sur les biens des communes ou de l'Etat, qui occupent, du reste, une grande étendue dans l'île. En faisant ainsi une diversion à la routine du pays, sur ces biens, les Corses, généralement entreprenants, avides de progrès et de bien-être, s'y porteraient et imprimeraient un grand mouvement à ces établissements auxquels il faut, autant que possible, les intéresser pour être sûr qu'ils s'y attacheront comme à leur propre foyer.

Il y a une belle étude, selon nous, à faire en Corse : c'est de rechercher, sur chaque coin de l'île, les établissements de ce genre qui conviennent à la nature des ressources du sol et de la population, de façon à ce qu'ils puissent s'élever sans efforts et comme d'eux-mêmes, en donnant la vie à tout le pays.

C'est ainsi qu'en demandant à établir en Corse :

1° L'INDUSTRIE DES CÉDRATS, pour le Cap surtout ;

2° L'INDUSTRIE DES MARBRES, pour Bastia et l'intérieur de l'île ;

3° LA COLONISATION qui convienne à la vaste plaine et au centre du littoral oriental de l'île ; je marche sur ce plan que je me sens en état de présenter en entier et avec ensemble. Mais je serai arrêté peut-être en chemin, les forces me manquant, nul me venant en aide ; et dans ce cas, ce sera encore heureux s'il se trouve un homme dont la voix aura de l'autorité, pour monter haut, qui démontre que tel est le bon chemin, et qu'il faut qu'on le suive si l'on veut réellement que la Corse prospère.

www.ingramcontent.com/pod-product-compliance
Lightning Source LLC
Chambersburg PA
CBHW070201200326
41520CB00018B/5494